Barbara Rias-Bucher

Garten Smoothies

Gesunde Drinks aus eigenem Anbau

Kompakt-Ratgeber

Haben Sie Fragen an Barbara Rias-Bucher?
Anregungen zum Buch?
Erfahrungen, die Sie mit anderen teilen möchten?

Nutzen Sie unser Internetforum:
www.mankau-verlag.de

Impressum

Bibliografische Information der Deutschen Nationalbibliothek
Die Deutsche Nationalbibliothek verzeichnet diese Publikation in der
Deutschen Nationalbibliografie; detaillierte bibliografische Daten sind
im Internet über http://dnb.d-nb.de abrufbar.

Dr. Barbara Rias-Bucher
Garten-Smoothies – Gesunde Drinks aus eigenem Anbau
Kompakt-Ratgeber
ISBN 978-3-86374-199-0
1. Auflage März 2015

Mankau Verlag GmbH
Postfach 13 22, D-82413 Murnau a. Staffelsee
Im Netz: www.mankau-verlag.de
Internetforum: www.mankau-verlag.de/forum

Redaktion: Julia Feldbaum, Augsburg
Endkorrektorat: Susanne Langer M. A., Traunstein
Cover/Umschlag: Andrea Barth, Guter Punkt GmbH & Co. KG, München
Energ. Beratung: Gerhard Albustin, Raum & Form, Winhöring
Layout: X-Design, München
Satz und Gestaltung: Lydia Kühn, Aix-en-Provence, Frankreich

Abbildungen/Fotos: Dr. Barbara Rias-Bucher

Druck: Westermann Druck Zwickau GmbH, Zwickau/Sachsen

Hinweis für die Leser:
Die Autorin hat bei der Erstellung dieses Buches Informationen und Ratschläge
mit Sorgfalt recherchiert und geprüft, dennoch erfolgen alle Angaben ohne
Gewähr. Verlag und Autorin können keinerlei Haftung für etwaige Schäden oder
Nachteile übernehmen, die sich aus der praktischen Umsetzung der in diesem
Buch vorgestellten Anwendungen ergeben. Bitte respektieren Sie die Grenzen
der Selbstbehandlung und suchen Sie bei Erkrankungen einen erfahrenen Arzt
oder Heilpraktiker auf.

Vorwort

Jeder frisch gemixte Smoothie ist ein Genuss, der aus dem eigenen Anbau jedoch eine wahre Köstlichkeit. Zutaten, die Sie ernten und gleich verarbeiten, sind so aromatisch, dass Sie sich weitere Geschmackszutaten sparen können. Auch die Reife ist wesentlich: Obst und Beeren, die Sie zum richtigen Zeitpunkt pflücken, enthalten so viel natürliche Süße, dass Sie kaum noch Zucker brauchen. Deshalb habe ich mich diesmal auf die pflanzlichen Zutaten konzentriert, die ich aus dem eigenen Garten hole, die ich auf der Terrasse oder auf dem Balkon ziehe. Welche bunte Vielfalt daraus entstanden ist, zeige ich Ihnen in Wort und Bild.

Vegane Rezepte sind mit diesem Symbol gekennzeichnet: (VEGAN)

Viel Erfolg beim Anbauen, Ernten und Mixen
Ihrer neuen Kreationen und jede Menge Genuss
wünscht Ihnen

Barbara Rias-Bucher

PS: Weitere Rezepte finden Sie in meinen Ratgebern »Smoothies für Körper, Geist und Seele« und »Winter-Smoothies«.

Inhalt

Smoothie-Theorie

Obst, Gemüse und Kräuter aus Eigenbau

bilden die Basis meiner neuen feinen

Kreationen. Was sonst noch wichtig ist,

um Smoothie-Könner zu werden, erfahren

Sie in diesem Kapitel!

Gesunder Genuss – täglich!

Über die richtige Zubereitung von Smoothies muss ich Ihnen wahrscheinlich nicht mehr viel erzählen. Grundlagen sind Obst, Gemüse oder Kräuter – gerne auch alles zusammen – sowie Flüssigkeit, damit der wunderbar sämige Drink entsteht, der fit und fröhlich macht. Tatsächlich ist jedes Glas Smoothie ein kleiner Beitrag zur Gesundheit, denn schon mit einem Smoothie täglich deckt man mindestens die Hälfte der Gemüse- und Obstmenge ab, die Experten der Deutschen Gesellschaft für Ernährung (DGE) als Tagesration empfehlen. Fünf Portionen Obst und Gemüse sollte jeder von uns essen; Studien zufolge können pflanzliche Lebensmittel das Risiko senken, an Bluthochdruck, Diabetes, Gicht oder Rheuma zu erkranken. Langfristig soll der regelmäßige Verzehr von Obst, Gemüse und Kräutern sogar präventiv gegen Herz-Kreislauf-Leiden und Krebs wirken. Für die Versorgung mit Vitaminen, Mineralstoffen und Ballaststoffen sind Smoothies geradezu ideal. Denn diese Bioaktivstoffe können wir am besten verwerten, wenn die entsprechenden Lebensmittel fein zerkleinert sind. Zudem enthalten Smoothies reichlich verdauungsfreundliche Ballaststoffe, die beim reinen Auspressen von Obst oft verloren gehen. Durch Mixen statt Pressen bleibt auch das natürliche Gleichgewicht von Fruchtzucker und Fruchtsäure erhalten. Vielleicht sind Smoothies deshalb oft besser verträglich als Obst- und Gemüsesäfte.

Natürlich gewachsen

Was wir selbst anbauen und ernten, schmeckt besser und ist gesünder. Pflanzenschutzmittel und Kunstdünger sind für verantwortungsvolle Hobbygärtner tabu, und als Ausgleich für eventuell geringere Erträge werden wir mit tollem Aroma und knackiger Frische belohnt. So ist jeder Smoothie mit Zutaten aus eigenem Anbau ein Geschmackserlebnis, auch ohne Zugabe von verschiedenen Säften und Gewürzen. Ganz bewusst habe ich also die Smoothies in diesem Buch mit so wenigen Zutaten wie möglich gemixt. Natürlich Gewachsenes steht im Mittelpunkt, sei es frisch oder aus dem Selbstversorger-Vorrat.

Nicht nur der Gaumen freut sich auf gesundes Obst, auch das Auge isst hier mit!

Jede Menge Flüssigkeit

Jeden Smoothie können Sie mit Leitungswasser oder natriumarmem Mineralwasser zubereiten. Milchprodukte wie Joghurt, Buttermilch und Dickmilch passen zu fast jedem Smoothie; sie liefern Kalzium für gesunde Knochen und Milchsäurebakterien für eine gute Verdauung. Wenn Sie Ihren Smoothie lieber mit Obstsaft mögen, sollten Sie diesen selbst einkochen. Einen kleinen Tipp für simplen Kirschsaft aus Kernen finden Sie auf Seite 56. Größere Mengen bereitet man am besten mit dem Dampfentsafter zu. Obstsäfte nehme ich übrigens auch für den Wildkräuter-Smoothie (Seite 34) oder für grüne Frühlingssmoothies, zum Beispiel mit Weizengras (Seite 26). Das herbe Aroma von wilden Pflanzen wird durch Fruchtsaft ebenfalls gemildert. Das gilt auch für die verschiedenen Bio-Drinks aus Soja, Kokos, Reis und anderen Getreidesorten, die in Vegan-Smoothies (VEGAN) die Milchprodukte ersetzen.

Gemüsesäfte lohnen das Einkochen nach meiner Erfahrung nicht. Deshalb sorge ich für einen Tiefkühlvorrat an Gemüse, das ich nach dem Auftauen mit Wasser vermische und püriere – auch das ergibt einen ausgezeichneten Gemüsesaft für fruchtige Smoothies. Tomaten passen zu jedem Obst: Die Früchte waschen und entweder ganz oder in Stücken einfrieren. Auch Zucchini, Möhren und Fenchel eignen sich zum Einfrieren. Einfach waschen, in Stücke schneiden und in Gefrierbeutel packen – Blanchieren ist nicht notwendig.

Jahreszeiten-Smoothies

Jede Jahreszeit schenkt uns ganz individuelle Geschmackserlebnisse. Lassen Sie sich überraschen.

Im Frühling …

… sind beim Smoothie-Mixen ein bisschen Fantasie und Spaß an ungewöhnlichen Kombinationen gefragt. Denn wir wollen ja möglichst viele eigene Zutaten verwenden und nur Vitamin-C-Spender wie Orangen oder Kiwis dazukaufen. In erster Linie brauchen wir also Sprossen und Wildkräuter, ergänzt durch tiefgefrorenes Obst und Fruchtsaft aus dem Vorrat. Äpfel kann man bis März meist noch aus dem Winterlager nehmen. Ab April sprießen dann schon die ersten Gartenkräuter wie Rucola, Zitronenmelisse und Dost. Rhabarberstangen sind für Kuchen noch zu dünn, doch gerade richtig für den Smoothie. In Töpfen säe ich sehr zeitig Schnittsalat, Senf und Kresse, von der Wiese hole ich Löwenzahn. Giersch wächst unter den Büschen, Brennnesseln sind bis Mai wunderbar zart und das beste Mittel zum Entschlacken – sie wirken gegen Frühjahrsmüdigkeit.

Sprossen ziehen

Im Vorfrühling ziehe ich frisches Grün auf der Fensterbank: Linsen, Senf und Asia-Salat wachsen so schnell wie Kresse, sind vitaminreich und würzig. Auch Radieschen und Rettich können Sie drinnen säen, wenn Sie die

Blätter für Smoothies verwenden wollen. Knollen bilden sich nämlich im Zimmer gewöhnlich nicht. Spinat säen lohnt nicht, denn üppig wächst er nur im Freien. Guter Ersatz sind Brennnesseln.

Alle Samen sollten Sie grundsätzlich in Erde streuen, damit sich keine schädlichen Keime bilden. Auf Küchenpapier oder Vlies können sie schimmeln, und selbst Anzuchtboxen sind oft nicht hygienisch genug. Außerdem kann man die Erde ja mehrmals besäen und später für den Kompost oder im Beet verwenden.

Die Kapuzinerkresse sieht toll aus und ist essbar!

Sommer im Glas

Ab Juni wächst üppig, was das Smoothie-Mixer-Herz begehrt: Bäume und Büsche hängen voller Kirschen und Beeren, Radieschen, Möhren, Rote Beten und Zucchini werden prall und eignen sich toll für Gemüse-Smoothies. Mit Obst können Sie jedes Gemüse mixen, doch einige Kombinationen schmecken besonders gut: Die leicht erdige Note Roter Beten passt zu säuerlichen Johannisbeeren (siehe Seite 58), Gurken vertragen sich mit Melonen. Tomaten, die erst mit etwas Süße ihr volles Aroma entfalten, mag ich mit reifen Aprikosen (siehe Seite 50), Pfirsichen und sogar Himbeeren.

Roh oder gegart?

Die meisten Gemüse und fast jedes Obst püriert man einfach roh zum Smoothie: Paprikaschoten, Fenchel, Stangensellerie, Rote Beten, Kohlrabi und Zucchini, selbstverständlich auch Tomaten und Gurken werden einfach gewaschen und gemixt. Selbst zarte Blätter von Weißkohl und Wirsing sind roh für Smoothies

INFO

HIER IST VORSICHT GEBOTEN!

Achtung: Rhabarber, grüne Bohnen und Holunderbeeren müssen vor dem Mixen gegart werden, weil sie roh gesundheitsschädlich sind.

geeignet, wenn man sie wie Wildkräuter zum Beispiel mit Orange, Kiwi oder einfach Apfel mixt. Rohes und Gegartes können sich auch hervorragend ergänzen: Probieren Sie doch einfach mal den Smoothie auf Seite 71 mit gedünsteten Möhren und roher Gurke. Manches schmeckt gegart besser: Topinambur und Kürbis zum Beispiel lassen sich dann cremiger pürieren und ergeben sämige Smoothies (siehe Seite 90). Auch Falläpfel schmecken mir im Smoothie gedünstet manchmal besser, denn die meisten Früchte fallen noch unreif vom Baum und schmecken roh dann recht herb.

Mit Blatt und Co.

Beim Smoothie-Mixen nimmt man bekanntlich so viel von der Pflanze wie möglich: Gemüse und Obst also nur waschen und von richtig harten (z. B. Pfirsiche) oder sehr scharfen (z. B. Chilis) Kernen, zähen Stielen (z. B. Paprikaschoten) und bitteren Schalen (z. B. Zitrusfrüchte) befreien. Alles andere können Sie für Ihren Smoothie verwenden. Die Blätter von Rettich, Radieschen, Kohlrabi und Fenchel enthalten noch mehr Bioaktivstoffe als die Knollen und schmecken so würzig wie Kräuter. Tomaten, Topinambur, Gurken und Möhren steuern ungeschält Ballaststoffe und Mineralstoffe bei, denn diese sitzen bei vielen Pflanzen direkt unter der Schale. Äpfel und Birnen werden mit dem pektinreichen Kerngehäuse püriert, Erdbeeren und Johannisbeeren müssen Sie nicht einmal abzupfen.

Genuss im Herbst

Obst gibt es noch bis Mitte Oktober in Hülle und Fülle, während sich Gemüse mit Beginn der kühlen Nächte rar macht. Tomaten reifen in der Küche nach, Topinambur gräbt man je nach Bedarf frisch aus und Kürbis (Vorsicht: Nicht zu kalt lagern!) steht auch zur Verfügung. Birnen kann man sogar überreif verwenden. Damit der Smoothie trotzdem schön frisch schmeckt, würzt man mit Zitrussaft. Die Zwetschgenzeit ist kurz, und was an Früchten nicht verwertet wird, lässt sich halbiert und entsteint ausgezeichnet einfrieren. Für einen gekühlten Smoothie dann nur antauen, für einen heißen kurz dünsten.

Holundersaft wirkt gegen Erkältungskrankheiten und ist gut für die Nerven.

Frühling

Im Frühling genießen Sie Smoothies
mit wilden Kräutern, selbst gezogenen
Sprossen und Obst aus Ihrem Vorrat.

Senfblättchen + Stangensellerie

Zutaten für 2 Portionen
1 kleine Orange • 2 gelbe Selleriestangen
2 Handvoll Senfblättchen
2 EL Schmant • 2 TL Honig • 150 ml kaltes Wasser

1 Die Orange wie einen Apfel schälen und dabei alle weißen Häutchen entfernen. Den Sellerie waschen und in Stücke schneiden. Die Senfblättchen in einem Sieb waschen und abtropfen lassen.

2 Alle diese Zutaten in den Mixer geben. Schmant und 1 Teelöffel Honig zugeben und den Smoothie pürieren. Während des Mixvorgangs das Wasser zugießen.

3 Den Smoothie in vorbereitete Gläser geben und die Portionen mit dem restlichen Honig beträufeln.

Brennnesseln + Obst

Frisch gepflückt sind zarte Brennnessel-Blättchen eine Delikatesse. Und aufgrund des hohen Mineralstoffgehalts auch richtig gesund!

Zutaten für 2 Portionen
1 kleine reife Kaki · 1 Möhre
2 Handvoll junge Brennnesselblättchen
und Brennnesselspitzen
150 ml kalter grüner Tee · 2 TL Sahne

1 Die Kaki waschen und schälen. Den Stielansatz kreisförmig herausschneiden. Die Möhre gut waschen oder ebenfalls schälen. Kaki und Möhre in Stücke schneiden und in den Mixer geben.

2 Die Brennnesseln waschen und grob zerkleinern. Zu Kaki und Möhre geben, den grünen Tee hinzufügen und alles miteinander pürieren.

3 Den Smoothie in vorbereitete Gläser füllen. Anschließend unter jede Portion einen Löffel Sahne rühren.

TIPP

Wildkräuter-Smoothies schmecken mit süßem Obst und sahnigen Milchprodukten besonders gut.

Linsensprossen plus

Mein Frühlingssmoothie mit vielen Vitaminen:
Die Sprossen lasse ich frisch wachsen, die Wildkräuter
werden gesammelt, und Beeren friere ich jeden Sommer
für den Wintervorrat ein.

Zutaten für 2 Portionen
2 Handvoll Linsensprossen (siehe Seite 11 f.)
1 Handvoll junge Wildkräuterblättchen (Giersch,
Spitzwegerich, Brennnesseln und Löwenzahn)
150 g tiefgefrorene Beeren
200 ml Trinkjoghurt
brauner Rohrzucker oder Honig

1 Die Linsensprossen und die Wildkräuter waschen
und in den Mixer geben. Die gefrorenen Beeren und den
Trinkjoghurt hinzufügen und alles miteinander pürieren.

2 Den Smoothie mit Zucker oder Honig süßen und in
vorbereitete Gläser geben. Nach Wunsch auf jede Portion
noch eine Prise Rohrzucker oder Honig geben.

TIPP

*Besonders mild schmeckt der Smoothie mit Himbeeren
oder Erdbeeren. Mit Johannisbeeren, Stachelbeeren oder
Brombeeren gemixt, braucht er ein bisschen mehr Süße.*

Giersch + Obst

Gartenbesitzer liegen in stetem Kampf mit dem wuchernden Wildkraut. Mein Rat: Ärgern Sie sich nicht über Giersch, ernten Sie ihn!

Zutaten für 2 Portionen
½ Blutorange · 1 reife Kiwi
2 Handvoll junge Gierschblättchen
200 g Trinkjoghurt · 1 gute Prise Zucker
1 große Messerspitze Harissa

1 Die Blutorange, auch die weißen Häutchen, und die Kiwi schälen, in Stücke schneiden und in den Mixer geben. Den Giersch waschen und zufügen.

2 Den Smoothie pürieren. Während des Mixvorgangs den Trinkjoghurt zugießen.

3 Den Smoothie mit Zucker und Harissa abschmecken und in Gläser gießen. Mit Gierschblättchen garnieren.

TIPP

Das Aroma von Giersch erinnert ein bisschen an Sellerie und Petersilie. Pflücken Sie nur die kleinen grüngelben Blättchen, die sich noch nicht ganz entfaltet haben – auf dem Foto habe ich sie als Dekoration auf den Smoothie gelegt. Die großen Blätter schmecken viel herber.

Schnittsalat + Banane

Zutaten für 2 Portionen
1 reife, aber nicht braune Banane
2 Handvoll Schnittsalat
3 EL Sahnejoghurt
200 ml Wasser
1 gute Prise Zucker
Salz und frisch gemahlener Pfeffer

1 Die Banane schälen, in Stücke schneiden und in den Mixer geben. Den Schnittsalat waschen und zufügen.

2 Den Joghurt ebenfalls zufügen und den Smoothie pürieren. Während des Mixvorgangs das Wasser zugießen.

3 Den Smoothie mit Zucker, Salz und Pfeffer abschmecken und in Gläser gießen. Mit Salatblättern garnieren.

TIPP

Rechtzeitig ausgesät, gehört Schnitt- oder Zupfsalat zu den Sorten, die schon im Frühling sprießen. Alternativ können Sie den Smoothie selbstverständlich mit Feldsalat mixen, der den ganzen Winter über bis ins späte Frühjahr wächst. Im Sommer schmeckt statt Banane auch Pfirsich oder Nektarine.

Apfel + Weizengras

Weizengras können Sie genau wie Linsensprossen (siehe Seite 11 f.) im Blumentopf auf der Fensterbank ziehen. Lassen Sie die Halme aus Weizenkörnern maximal 10 cm hoch wachsen, damit sie noch zart sind.

Zutaten für 2 Portionen
2 Handvoll Weizengras
1 großer oder 2 kleine Äpfel
200 ml Wasser oder ungesüßter heller Fruchtsaft
½ TL abgeriebene Bio-Zitronenschale

1 Das Weizengras waschen, zerkleinern und in den Mixer geben (siehe Tipp). Den Apfel waschen, vierteln und nach Wunsch vom Kerngehäuse befreien.

2 Den Apfel zum Weizengras geben, das Wasser oder den Fruchtsaft hinzufügen und alles miteinander pürieren.

3 Die gemixten Zutaten mit Zitronenschale abschmecken und in vorbereitete Gläser füllen.

TIPP

Für den Smoothie zerkleinert man das Weizengras am besten mit einer Küchenschere und gibt es dann erst in den Mixer.

Löwenzahn plus

Zutaten für 2 Portionen
2 Handvoll junge Löwenzahnblätter
100 g Knollensellerie · 1 Scheibe Zitrone
1 EL Schmant · 250 ml Apfelsaft
Salz · frisch gemahlener Pfeffer

1 Löwenzahn waschen und bis auf vier Blättchen grob zerkleinern. Den Sellerie so dünn wie möglich schälen und in Stücke schneiden. Die Schale der Zitronenscheibe abschneiden, die Kerne mit einer Messerspitze entfernen.

2 Alle diese vorbereiteten Zutaten in den Mixer geben. Den Schmant zufügen und den Smoothie pürieren. Während des Mixvorgangs den Apfelsaft zugießen.

3 Mit Salz und Pfeffer abschmecken und in vorbereitete Gläser geben. Mit je zwei Blättern dekorieren.

INFO

GESUND AUS DER NATUR

Löwenzahn ist ideal zum Entschlacken: Die Bitterstoffe fördern die Gallensaftbildung und unterstützen die Leber. Der hohe Kaliumgehalt steigert die Harnausscheidung.

Rucola + Grapefruit

Wenn die Grapefruits noch saftig sind, spitzen schon
die ersten zarten Rucolablättchen aus der Frühlingserde.

Zutaten für 2 Portionen
2 Handvoll Rucolablätter · 1 mittelgroße Grapefruit
200 g Buttermilch oder Trinkjoghurt
brauner Rohrzucker/Honig oder Salz /Pfeffer oder
Balsamessig

1 Die Rucolablätter waschen, bis auf ein paar Blättchen
für die Dekoration grob zerkleinern und in den Mixer
geben. Die Grapefruit wie einen Apfel schälen und dabei
alle weißen Häutchen entfernen. Die Frucht vierteln, von
den Kernen befreien und zur Rucola in den Mixer geben.

2 Den Smoothie pürieren. Während des Mixvorgangs
die Buttermilch oder den Trinkjoghurt zugießen. Den
Smoothie süß oder deftig abschmecken und in vorbereitete Gläser geben. Mit Rucolablättchen garnieren.

INFO

ITALIENISCHE EINFLÜSSE

Rucola kommt bei uns meist als Salat auf den Tisch und
heißt im Deutschen eigentlich Rauke, ist aber unter ihrem italienischen Namen deutlich bekannter.

Rhabarber + Banane

Zutaten für 2 Portionen
200 g Rhabarber · 200 ml Wasser oder heller Fruchtsaft
1 große oder 2 kleine Bananen
2 Kugeln Vanille- oder Erdbeereiscreme
2 TL Himbeersirup

1 Den Rhabarber waschen, die Stangen putzen und dabei eventuelle Fäden abziehen. Den Rhabarber in fingerbreite Stücke schneiden und in einen Kochtopf geben. Wasser oder Fruchtsaft zufügen, aufkochen und den Rhabarber etwa 5 Minuten kochen. Von der Kochstelle nehmen und etwas abkühlen lassen.

2 Die Bananen schälen und in Stücke schneiden. In den Mixer geben. Den Rhabarber mit der Kochflüssigkeit und das Eis hinzufügen und den Smoothie pürieren.

3 Den Smoothie in vorbereitete Gläser füllen. Anschließend die Portionen mit dem Himbeersirup beträufeln.

INFO

BITTE KOCHEN!

Rhabarber gehört zu den Lebensmitteln, die man roh nicht essen, also nur gegart zum Smoothie mixen kann.

Wildkräuter plus

Alle diese Wildkräuter kann ich in meinem Garten sammeln, weil ich große Abschnitte der Wiese nur zweimal im Jahr mähe. Vogelmiere wächst als Bodendecker im Gemüsebeet, und für Knoblauchsrauke habe ich ein eigenes Eckchen im Halbschatten reserviert.

Zutaten für 2 Portionen
1 Handvoll Blätter und Blüten von Rotklee,
weißem Klee und Spitzwegerich
1 Handvoll zarte Blätter von Löwenzahn,
Vogelmiere und Knoblauchsrauke
2–3 zarte Sauerampfer-Blättchen
2 EL Crème fraîche
½ TL Honig
1 große Messerspitze Chilipaste
200 ml Apfel- oder Ananassaft

1 Alle Blätter und Blüten der Kräuter in einer Schüssel mit kaltem Wasser gründlich waschen. Auf einem Sieb abtropfen lassen und anschließend bis auf ein paar zur Dekoration grob zerkleinern.

2 In den Mixer geben, die Crème fraîche, den Honig und die Chilipaste zufügen. Die Zutaten pürieren und während des Mixvorgangs den Saft dazugießen. Den Smoothie in vorbereitete Gläser geben, mit Kräutern garnieren und sofort servieren.

Zitronenmelisse + Kiwi

Ein feiner Frühlingssmoothie, wenn die Zitronenmelisse frisch sprießt. Für noch mehr Vitamin C sorgen die Kiwis.

Zutaten für 2 Portionen
2 Handvoll Zitronenmelisse
100 ml Ananassaft
2 reife Kiwis · 150 g Dickmilch
1 EL Kokoszucker oder brauner Rohrzucker
Zitronenmelisse zum Garnieren

1 Die Zitronenmelisse waschen, grob zerkleinern und mit lauwarmem Ananassaft übergießen. Zugedeckt 15 Minuten ziehen lassen.

2 Inzwischen die Kiwis schälen, halbieren und in den Mixer geben. Die Dickmilch zufügen.

3 Den Zitronenmelissesud durch ein Sieb in den Mixer gießen. Den Smoothie pürieren und in vorbereitete Gläser füllen. Mit Kokoszucker oder Rohrzucker bestreuen und mit Zitronenmelisse garnieren.

TIPP

Selbstverständlich können Sie die Melisse auch mit den anderen Zutaten pürieren. Dann bekommen Sie einen grün gesprenkelten Smoothie.

Gurke + Kräuter

Zutaten für 2 Portionen
1 kleine Gurke
2 Handvoll beliebige Kräuter
4 Minimozzarella · 2 EL Joghurt · 50 ml Wasser
Salz · frisch gemahlener Pfeffer
1 kleine Tomate

1 Die Gurke waschen und in Stücke schneiden. Die Kräuter waschen und trockentupfen. Etwa drei Viertel der Kräuter grob zerkleinern und mit den Gurkenstücken in den Mixer geben.

2 Minimozzarella, Joghurt und Wasser hinzufügen. Den Smoothie pürieren, mit Salz und Pfeffer abschmecken und in vorbereitete Gläser füllen.

3 Für die Garnierung den Rest der Kräuter fein zerkleinern, dabei eventuell harte Stiele entfernen. Die Tomate waschen und fein würfeln. Beide Zutaten auf den Smoothie-Portionen verteilen.

TIPP

Anstelle der restlichen Kräuter können Sie auch 1 EL italienische Kräutermischung für Bruschetta auf die Smoothies streuen.

Sommer

Der Sommer bietet alles, was das Herz begehrt:

frische Früchte, Gemüse und allerlei Kräuter.

Ein Paradies für Smoothie-Freunde!

Erdbeeren + Minze

Die beiden sind klassische Partner, weil ihre Aromen sich so gut ergänzen. Wer den Smoothie lieber eiskalt mag, nimmt zwei Kugeln Vanilleeis anstelle von Joghurt.

Zutaten für 2 Portionen
etwa 50 g Sahne
1 TL Vanillezucker
200 g Erdbeeren
1 Handvoll Minze
100 g Vanillejoghurt
100 g Buttermilch
100 ml Wasser oder Orangensaft
Minzezweige zum Garnieren

1 Die gut gekühlte Sahne mit dem Vanillezucker steif schlagen und wieder in den Kühlschrank stellen.

2 Die Erdbeeren waschen. Die Minze waschen, die Blättchen von den Stielen zupfen. Beide Zutaten in den Mixer geben.

3 Den Vanillejoghurt und die Buttermilch zugeben und alles zum Smoothie mixen. Während des Mixvorgangs das Wasser oder den Orangensaft zufügen.

4 Den Smoothie in vorbereitete Gläser füllen, mit Sahnetupfen und Minzezweiglein garnieren.

Walderdbeeren plus

Zutaten für 2 Portionen
150–200 g Walderdbeeren
1 reife, aber nicht braune Banane
200 g Sahnejoghurt
einige Blättchen Zitronenmelisse

1 Die Walderdbeeren in einer Schüssel mit kaltem Wasser waschen und bis auf ein paar wenige (zur Dekoration) in den Mixer geben. Die Banane schälen, in Stücke schneiden und zufügen.

2 Den Joghurt in den Mixer geben und alles miteinander pürieren. Den Smoothie in vorbereitete Gläser füllen und mit Beeren und Melisse dekorieren.

Stachelbeere + Baiser

Stachelbeeren reifen von Ende Juni bis Ende August.
Für den Smoothie brauchen Sie richtig reife, schon etwas
weiche Früchte.

Zutaten für 2 Portionen
200 g Stachelbeeren
1 Kugel Vanilleeiscreme
100 ml Kokoswasser mit Ananas
1 Baisertörtchen

1 Die Stachelbeeren waschen und trockentupfen.
Nur die braunen Blütenansätze abknipsen.

2 Die Beeren mit der Vanilleeiscreme in den Mixer
geben und zum Smoothie pürieren. Während des Mixvorgangs das Kokoswasser dazugießen.

3 Den Smoothie in vorbereitete, gekühlte Gläser füllen.
Das Baisertörtchen nicht zu fein zerbröckeln und auf
den Smoothie-Portionen verteilen.

TIPP

*Stachelbeeren brauchen Süßes, damit sich ihr feiner
Geschmack entwickelt. Probieren Sie einmal die Kombi-
nation aus Vanille, Kokos und Ananas, um der Stachel-
beersäure die Spitze zu nehmen.*

Früher Apfel

Mürbe Kläräpfel reifen bereits im August zur Beerenzeit und eignen sich gut für Smoothies, weil sie sich ganz glatt pürieren lassen.

Zutaten für 2 Portionen
2 Kläräpfel · 1 dicke Zitronenscheibe
200 g Trinkjoghurt · 3 EL Zucker
150 g Brombeeren · knapp 50 ml Wasser

1 Die Äpfel waschen und vierteln. Die Zitronenscheibe von Schale und Kernen befreien.

2 Die Apfelviertel und die Zitronenscheibe mit dem Joghurt und 1 Esslöffel Zucker in den Mixer geben und pürieren. Die Mischung in Portionsgläser füllen.

3 Die Brombeeren bis auf einige wenige mit dem Wasser und dem restlichen Zucker pürieren. Vorsichtig von einer Seite zum Apfelpüree gießen und mit Brombeeren und Blüten garnieren.

TIPP

Ein zweifarbiger Smoothie wie auf dem Bild gelingt am besten im Minihandmixer mit zwei Mixbechern: Gleichzeitig die helle Apfelmischung und die dunklen Beeren in die Portionsgläser laufen lassen.

Felsenbirnen + Erdbeeren

Zutaten für 2 Portionen
100 g Felsenbirnen
100 g Erdbeeren
1 Scheibe Zitrone
2 gehäufte TL Erdbeerkonfitüre
150 g Buttermilch
50 ml Wasser

1 Die Felsenbirnen waschen und mit einer Gabel von den Stielchen streifen. Die Erdbeeren ebenfalls waschen. Die Zitrone von der Schale und den Kernen befreien.

2 Alle diese Zutaten in den Mixer geben. Die Erdbeerkonfitüre und die Buttermilch hinzufügen und den Smoothie pürieren. Während des Mixvorgangs das Wasser zugießen. Den Smoothie in vorbereitete Gläser füllen und sofort servieren (siehe Tipp).

TIPP

Den Smoothie müssen Sie sofort servieren, denn durch den hohen Pektingehalt von Felsenbirnen geliert er innerhalb von 10 Minuten. Dann ist er so fest, dass man ihn wie ein Dessert löffeln kann. Die Zitrone sorgt dafür, dass er schön dunkelrot bleibt, obwohl Felsenbirnen sich sonst rasch verfärben.

Aprikose + Tomate

Zutaten für 2 Portionen
3 Aprikosen (etwa 150 g)
2 mittelgroße Tomaten (etwa 200 g)
4 große Blätter und 2 Blüten der Kapuzinerkresse
50 ml kaltes Wasser · eventuell etwas Zucker

1 Die Aprikosen waschen, vierteln und entsteinen. Die Tomaten waschen, halbieren und dabei die Stielansätze entfernen. Die Blätter der Kapuzinerkresse waschen. Alle diese Zutaten in den Mixer geben.

2 Den Smoothie pürieren und dabei das Wasser zugießen. Die gemixten Zutaten nach Wunsch mit etwas Zucker abschmecken und mit gewaschenen Blüten garnieren.

Gepfefferte Heidelbeeren

Zutaten für 2 Portionen
200 g Heidelbeeren · 1 Nektarine
2 EL griechischer Joghurt
2 kräftige Prisen schwarzer Pfeffer
1 Stück Vanilleschote (etwa 2 cm lang)
1 TL Honig · 100 ml Wasser
1–2 TL Zitronensaft

1 Die Heidelbeeren in einer Schüssel mit kaltem Wasser waschen und auf einem Sieb abtropfen lassen. Die Nektarine waschen, halbieren und entsteinen.

2 Das Obst mit dem Joghurt in den Mixer geben. Den Pfeffer, die Vanilleschote und den Honig zufügen und den Smoothie pürieren. Während des Mixvorgangs das Wasser zugießen.

3 Die gemixten Zutaten mit Zitronensaft abschmecken und in vorbereitete Gläser füllen.

TIPP

Wie gut Pfeffer und Vanille mit Sommerobst harmonieren, habe ich beim Marmeladekochen entdeckt: Gelierzucker allein fand ich zu langweilig und griff deshalb einfach in mein Gewürzregal.

Sommermorgen-Smoothie

Zutaten für 2 Portionen
1 EL Instant-Getreideflocken
150 ml heißes Wasser
2 Pfirsiche
1 Stück Honigmelone (etwa 100 g)
1 Handvoll Johannisbeeren
100 g Dickmilch
1 EL Sahne
2 TL Honig
2 EL Beeren oder entsteinte Kirschen

1 Die Getreideflocken in den Mixer geben und mit dem heißen Wasser übergießen. Ziehen lassen, bis das Obst vorbereitet ist.

2 Die Pfirsiche waschen oder schälen, entsteinen und in Stücke schneiden. Die Melone von Kernen und Schale befreien. Die Johannisbeeren waschen und mit einer Gabel von den Stielen streifen.

3 Die Früchte zu den Getreideflocken geben und alles miteinander pürieren. Während des Mixvorgangs die Dickmilch zugeben. Die Sahne und den Honig unter den Smoothie rühren und den Smoothie in Gläser füllen. Anschließend die Beeren oder Kirschen auf den Portionen verteilen.

Rote-Grütze-Smoothie

Zutaten für 2 Portionen
100 g Sauerkirschen · 50 g Johannisbeeren
50 g Himbeeren · 100 g Erdbeeren
1 Messerspitze abgeriebene Bio-Zitronenschale
1 EL Gelierzucker
200 ml Zwetschgen- oder Apfelsaft
4 Eiswürfel · 2 EL Sahne

1 Die Sauerkirschen waschen, von den Stielen zupfen und entsteinen. Alle Beeren verlesen und in einer Schüssel mit kaltem Wasser vorsichtig waschen. Zum Abtropfen auf ein Sieb geben.

2 Die Johannisbeeren mit einer Gabel von den Stielchen in einen Kochtopf streifen. Nur die Sauerkirschen dazufügen. Die Zitronenschale und den Gelierzucker zugeben und mit einem Kochlöffel untermischen.

3 Den Saft dazugießen und die Mischung unter Rühren einmal sprudelnd aufkochen. Den Topf von der Kochstelle nehmen und die Früchte abkühlen lassen.

4 Die Früchte in den Mixer geben, die Eiswürfel, die Erdbeeren und die Himbeeren hinzufügen und den Smoothie pürieren. In vorbereitete Gläser füllen und auf jede Portion etwas Sahne träufeln.

Sauerkirschen plus

Zutaten für 2 Portionen
2 Handvoll Sauerkirschen · 2 mittelgroße Pfirsiche
1 Stück Galiamelone (etwa 200 g)
200 ml kaltes Wasser
2 Kugeln oder 2 EL Vanilleeiscreme
evtl. Schokoladendekoration

1 Die Sauerkirschen waschen, abzupfen und entsteinen. Die Pfirsiche waschen oder schälen. Dann vierteln und dabei entsteinen. Die Melone von Schale und Kernen befreien und in Stücke schneiden.

2 Alle Früchte in den Mixer geben und pürieren. Währenddessen das Wasser zugießen.

3 Den Smoothie in Gläser füllen und auf jede Portion eine Kugel oder einen Esslöffel Eiscreme setzen. Nach Wunsch mit Schoko-Ornamenten garnieren.

TIPP

Die Kerne von Sauerkirschen und Kirschen nicht wegwerfen, sondern mit Wasser bedeckt aufkochen und etwa 3 Minuten köcheln lassen und durch ein Sieb gießen. Mit dem Saft können Sie die nächsten Smoothies mixen. Kirschsaft passt gut zu Nektarinen oder Johannisbeeren.

Rote Bete + Johannisbeere

Sommersorten von Roten Beten sind im Juni erntereif – genau zur Johannisbeerzeit. Die Säure der Beeren passt ausgezeichnet zum leicht erdigen Geschmack der Beten.

Zutaten für 2 Portionen
100 g Johannisbeeren
1 kleine Rote Bete (etwa 150 g) · 1 EL Joghurt
200 ml heller Fruchtsaft oder Wasser

1   Die Johannisbeeren in einer Schüssel mit kaltem Wasser waschen und auf einem Sieb abtropfen lassen. Dann mit einer Gabel von den Stielchen streifen und in den Mixer geben.

2   Die Rote Bete gründlich waschen, aber nicht schälen. Den Blätteransatz und die dicke Wurzel in der Mitte entfernen. Die Bete in Stücke schneiden und zu den Johannisbeeren in den Mixer geben.

3   Den Joghurt hinzufügen, den Smoothie pürieren und während des Mixvorgangs den Saft oder das Wasser zugießen. In vorbereitete Gläser füllen und servieren.

TIPP

Für einen Smoothie mit Roter Bete im Herbst oder Winter nehmen Sie tiefgefrorene Johannisbeeren.

Melone + Brombeere

Honigmelonen wachsen auf Terrasse oder Balkon und gedeihen auf der Südostseite. Allerdings brauchen Sie große Pflanzsäcke oder Tröge.

Zutaten für 2 Portionen
200 g Brombeeren
300 g Galia-, Ogen- oder Honigmelone
150 g Buttermilch
1–2 TL Honig

1 Die Brombeeren in einer Schüssel mit kaltem Wasser waschen und auf einem Sieb abtropfen lassen. Die Melone schälen und grob zerkleinern, dabei die Melonenkerne entfernen.

2 Früchte, bis auf vier Beeren für die Dekoration, mit der Buttermilch in den Mixer geben und den Smoothie pürieren. Den Smoothie mit Honig süßen, in vorbereitete Gläser füllen und dekorieren.

INFO

MELONENKUNDE

Grüne und gelbe Melonen enthalten eine Substanz, die das Blut besser fließen lässt. Orangefarbene Melonen liefern Carotinoide, die unser Immunsystem stärken.

Pfirsich + Quark + Keks

Pfirsiche vom eigenen Baum sind gewöhnlich nicht so groß wie gekaufte. Doch dafür viel aromatischer! Alternativ schmeckt der Smoothie natürlich auch mit entsteinten Kirschen, mit Himbeeren oder sehr reifen, weichen Aprikosen.

Zutaten für 2 Portionen
2–3 reife Pfirsiche (etwa 200 g)
2 EL Zitronensaft
100 ml Wasser oder heller Fruchtsaft
1 Stück Honig- oder Zuckermelone (etwa 150 g)
2 EL Quark
2 EL Joghurt
2 Schokoladenkekse

1 Die Pfirsiche waschen, halbieren und entsteinen. Mit dem Zitronensaft und dem Wasser oder Fruchtsaft in den Mixer geben und pürieren. Das Püree in hohe Portionsgläser füllen.

2 Die Melone schälen und von den Kernen befreien. In den Mixer geben, den Quark und den Joghurt hinzu fügen und alles pürieren.

3 Das Püree langsam auf die Pfirsichmischung in die Gläser gießen. Die Kekse zerbröckeln und auf den Smoothie-Portionen verteilen.

Mirabelle plus

Zutaten für 2 Portionen
2 Handvoll gemischte Kräuterblättchen
(Minze, Borretsch, Zitronenmelisse und Spitzwegerich)
2 Handvoll reife Mirabellen, Renekloden oder
gelbe Pflaumen · 1–2 TL Ahornsirup oder Honig
100 g Trinkjoghurt · 100 ml Kokoswasser
eventuell Blüten von Borretsch oder Minze

1 Die Kräuter waschen, trockentupfen und anschließend grob zerkleinern. Die Mirabellen waschen, halbieren und entsteinen. Mit den Kräutern und dem Ahornsirup oder Honig in den Mixer geben.

2 Alles zusammen pürieren und währenddessen den Joghurt und das Kokoswasser zugießen. Den Smoothie in vorbereitete Gläser geben. Nach Wunsch mit Kräuterblüten garnieren.

TIPP

An heißen Sommertagen sind Joghurt und Kokoswasser gerade richtig: Beides kühlt und erfrischt, passt zu jedem Obst und ist dazu auch noch gesund. Joghurt, weil er den Knochenbaustein Kalzium spendet und die Verdauung unterstützt. Kaliumreiches Kokoswasser ist Durstlöscher und reguliert den Säure-Basen-Haushalt.

Tomate + Basilikum

Ein dickflüssiger Smoothie und durch Mascarpone recht gehaltvoll: Mit Pane toscana ist er ein leichter, schneller Imbiss.

Zutaten für 2 Portionen
2 Tomaten
Salz · frisch gemahlener Pfeffer
100 ml Apfelsaft oder Wasser
2 EL Mascarpone
2 Handvoll Basilikum
100 g fettarmer Trinkjoghurt
Tomatenschnitze und Basilikum zum Garnieren

1 Die Tomaten waschen, vierteln und dabei die Stielansätze herausschneiden. Die Tomatenviertel in den Mixer geben und pürieren. Mit Salz und Pfeffer würzen und in Gläser füllen.

2 Den Saft oder das Wasser in den Mixer gießen und den Mascarpone zufügen. Das Basilikum waschen, mit einer Küchenschere grob zerkleinern und ebenfalls in den Mixer geben. Diese Zutaten pürieren und während des Mixvorgangs den Trinkjoghurt zugießen.

3 Die gemixten Zutaten auf das Tomatenpüree in den Gläsern gießen. Den Smoothie mit Basilikum und Tomatenschnitzen garnieren.

Gelbe Paprika + Möhre

Für erntefrisches Gemüse reichen Salz und Pfeffer als Gewürz. Zucker verstärkt das feine Aroma von Möhren.

Zutaten für 2 Portionen
3 kleine gelbe Paprikaschoten
1 mittelgroße Möhre
250 g Magerjoghurt
2 EL Schmant
100 ml Mineralwasser
Salz · Cayennepfeffer
1 TL brauner Rohrzucker

1 Die Paprikaschoten waschen, achteln und putzen. Die Möhre waschen. Von der Möhre mit einem Sparschäler vier Streifen abschneiden und für die Garnierung beiseitelegen.

2 Den Rest der Möhre in Stücke schneiden und mit den Paprikaschoten in den Mixer geben. Den Joghurt und den Schmant hinzufügen und alles miteinander pürieren. Während des Mixvorgangs das Mineralwasser zugießen.

3 Die gemixten Zutaten mit Salz und Cayennepfeffer abschmecken und in vorbereitete Gläser geben. Anschließend jede Portion mit Rohrzucker bestreuen und mit Möhrenstreifen garnieren.

Zucchini + Chutney

Zutaten für 2 Portionen
2 kleine Zucchini
250 ml kalte Gemüsebrühe · 1 EL Zitronensaft
2 EL Joghurt oder Sahne
Salz · 2 EL Tomaten- oder anderes Chutney

1 Die Zucchini waschen, putzen und in Stücke schneiden. Die Stücke mit der Gemüsebrühe, dem Zitronensaft und Joghurt oder Sahne in den Mixer geben.

2 Den Smoothie pürieren, dann mit Salz abschmecken und in vorbereitete Gläser geben. Anschließend auf jede Portion einen Esslöffel Chutney setzen.

Junge Möhren plus

Zutaten für 2 Portionen
200 g Möhren · 200 ml Wasser
1 EL Olivenöl · Salz · 1 Prise Zucker
1 kleine Salat- oder Schmorgurke
3 Zweige Petersilie · 2 EL Joghurt
frisch gemahlener Pfeffer · Salz

1 Die Möhren waschen, in Stücke schneiden und mit Wasser, Öl, Salz und Zucker aufkochen und in etwa 5 Minuten weich kochen.

2 Die Gurke waschen und in Stücke schneiden. Die Petersilie waschen und grob zerkleinern. Beide Zutaten mit den Möhren einschließlich Kochwasser und dem Joghurt in den Mixer geben.

3 Den Smoothie pürieren, mit Pfeffer und eventuell noch mit Salz abschmecken und in vorbereitete Gläser füllen.

TIPP

Aus gegarten Möhren können wir die Vitamine besser verwerten, und der Smoothie wird cremiger als mit dem rohen Gemüse. Etwas Zucker und die Petersilie verstärken das feine Möhrenaroma noch.

Vier-Gemüse-Smoothie

Zutaten für 2 Portionen
1 Handvoll frische Minzeblätter
200 ml Apfelsaft
300 g gemischtes Gemüse (z. B. Kohlrabi, Gurke,
gelbe Paprikaschote, Lauchzwiebeln)
100 g Sahnejoghurt
1 EL Olivenöl · Salz · 1–2 Spritzer Tabascosauce

1 Die Minze waschen und in eine große Tasse geben. Den Apfelsaft erhitzen und darübergießen. Zugedeckt ziehen lassen, bis das Gemüse vorbereitet ist.

2 Kohlrabi, Gurke und Paprikaschote waschen und in Stücke schneiden, dabei die Kerne der Paprikaschote entfernen. Die Lauchzwiebeln ebenfalls waschen, vom Wurzelansatz befreien und in fingerbreite Stücke schneiden. Etwas Gemüse zum Garnieren beiseitelegen.

3 Das Gemüse in den Mixer geben und den Joghurt hinzufügen. Die Minze aus dem Saft nehmen und den Saft zum Gemüse gießen. Alles miteinander zum Smoothie mixen.

4 Das Olivenöl unterrühren, den Smoothie mit Salz und Tabascosauce abschmecken und in vorbereitete Gläser füllen. Mit Gemüsestückchen garnieren.

Kohlrabi + Parmesan

Ein sommerlich leichter Gemüse-Smoothie, der durch Dickmilch und Parmesan schön nahrhaft ist. Mit einem Vollkorn- oder Baguettebrötchen schmeckt er gut als Snack.

Zutaten für 2 Portionen
1 junger Kohlrabi
2 EL Zitronensaft
125 ml kalte Gemüsebrühe
1 EL Dickmilch
125 ml Apfelsaft
Salz · frisch gemahlener Pfeffer
2 EL frisch geriebener Parmesan
1 Dolde Dillblüten

1 Den Kohlrabi waschen und in Stücke schneiden. Mit den zarten, inneren Kohlrabiblättchen in den Mixer geben.

2 Den Zitronensaft, die Gemüsebrühe und die Dickmilch hinzufügen und den Smoothie pürieren. Während des Mixvorgangs den Apfelsaft zugießen.

3 Die gemixten Zutaten mit Salz und Pfeffer abschmecken und in vorbereitete Gläser geben. Anschließend auf jede Portion einen Löffel Parmesan streuen. Mit Dillblüten garnieren.

Fenchel + Gurke + Zitroneneis

Zutaten für 2 Portionen
150 g Fenchel · 150 g Gurke
2 Kugeln Zitroneneiscreme
100 ml Apfelsaft · etwas Dill

1 Die Fenchelknolle waschen und trockentupfen. Den Strunk keilförmig herausschneiden, die Knolle mit dem Grün grob zerkleinern. Die Gurke waschen und in Stücke schneiden. Alle Gemüsestücke in den Mixer geben und 1 Kugel Zitroneneiscreme zufügen.

2 Die Zutaten pürieren und während des Mixvorgangs den Apfelsaft zugießen. Den Smoothie in vorbereitete Gläser füllen. Die zweite Eiscremekugel halbieren, auf die Portionen setzen und mit Gurke und Dill garnieren.

Radieschen-Smoothie

Für diesen Smoothie brauchen Sie Radieschen, die Sie frisch aus dem Beet zupfen. Nur dann sind die Blätter wirklich zart, saftig und aromatisch. Alternativ können Sie auch Blätter von Spinat oder Löwenzahn nehmen.

Zutaten für 2 Portionen
5–6 Radieschen mit Blättern
1 mittelgroße Möhre
200 ml kalte Gemüsebrühe
Salz
Cayennepfeffer
2 EL Kefir

1 Die Radieschenknollen von den Blättern schneiden, waschen und in den Mixer geben. Die Blätter gesondert gründlich waschen und trockentupfen. Grob zerkleinern und ebenfalls in den Mixer geben.

2 Die Möhre waschen oder schälen, in Stücke schneiden und hinzufügen. Den Smoothie pürieren und währenddessen die kalte Gemüsebrühe zugießen.

3 Die gemixten Zutaten mit Salz und Cayennepfeffer abschmecken und in vorbereitete Gläser geben. Anschließend auf jede Portion einen Löffel Kefir setzen und leicht unterrühren.

Bohnen + Tomaten

Zutaten für 2 Portionen
200 g junge grüne Bohnen
150 ml Wasser
2 Tomaten (etwa 300 g)
Salz · frisch gemahlener schwarzer Pfeffer
2 EL Sahne
2 Rosmarinspitzen

1 Die Bohnen waschen, die Stielansätze abschneiden. Das Wasser aufkochen, die Bohnen dazugeben, erneut aufkochen und 5 Minuten bei schwacher Hitze garen.

2 Inzwischen die Tomaten waschen und die Stielansätze herausschneiden. Eine Tomate halbieren, zu den Bohnen geben und alles weitere 3 Minuten garen.

3 Die zweite Tomate vierteln, drei dieser Viertel in den Mixer geben. Die gekochten Bohnen mit Tomate hinzufügen und alles zum Smoothie pürieren.

4 Die gemixten Zutaten mit Salz und Pfeffer abschmecken, in vorbereitete Gläser füllen und auf jede Portion einen Esslöffel Sahne träufeln.

5 Das restliche Tomatenviertel zerkleinern und mit den Rosmarinspitzen auf die Smoothies geben.

Herbst

Besonders im Herbst verlangt es uns danach,
die Frische des ausgehenden Sommers festzu-
halten. Mit diesen Smoothies gelingt es Ihnen!

Birne + Chili + Vanille

Zutaten für 2 Portionen
2 mittelgroße reife Birnen
1 mäßig scharfe Chilischote
200 g Joghurt
1 fingerbreites Stück Vanilleschote
2 TL Vanillezucker
100 ml kaltes Wasser

1 Die Birnen waschen oder schälen, vierteln und vom Kerngehäuse befreien. Die Chilischote waschen und mit einem spitzen Messer längs aufschneiden. Die Kerne und Trennwände entfernen. Birnen und Chili in den Mixer geben.

2 Den Joghurt, die Vanilleschote und den Vanillezucker hinzufügen und alles miteinander pürieren. Während des Mixvorgangs das Wasser zugießen. Den Smoothie in vorbereitete Gläser füllen.

TIPP

Der Smoothie schmeckt nur mit einer reifen, saftigen Birne. Ob eine Frucht reif ist, können Sie spüren: Wenn man sie leicht mit der Hand umschließt, fühlt sie sich weich und samtig an, strömt eine Spur von Wärme aus. Allerdings braucht es ein bisschen Übung, Obst so zu »testen«.

Herbst-Smoothie mit Eis

Zutaten für 2 Portionen
2 reife Birnen · 200 g Zwetschgen
2 EL Zitronensaft
150 g Vanillejoghurt
etwa 150 ml Wasser oder Apfelsaft
2 Kugeln beliebige Eiscreme
2 Kapuzinerkresse-Blüten zum Garnieren

1 Die Birnen und die Zwetschgen waschen. Die Birnen vierteln und vom Kerngehäuse befreien, die Zwetschgen halbieren und entsteinen. Die Früchte schneiden und in den Mixer geben.

2 Den Zitronensaft und den Vanillejoghurt hinzufügen und alles miteinander pürieren. Während des Mixvorgangs das Wasser oder den Apfelsaft zugießen.

3 Den Smoothie in vorbereitete Gläser geben. Anschließend auf jede Portion eine Kugel Eiscreme setzen und mit den Blüten garnieren.

TIPP

Die Zutaten sind nur ein Vorschlag für Ihren Herbst-Smoothie: Auch Holunderkompott passt wunderbar dazu. Oder Sie mixen Äpfel, Birnen und Weintrauben.

Müsli-Smoothie

Zutaten für 2 Portionen

1 EL Haferflocken · 2 EL tiefgefrorene Früchte aus dem Vorrat (Kirschen, Johannisbeeren oder Erdbeeren) 200 ml heißes Wasser · 1 Banane · 1 Apfel 2 EL Joghurt · 1 EL beliebige Marmelade

1 Die Haferflocken und das tiefgefrorene Obst in den Mixer geben und mit dem heißen Wasser übergießen. Ziehen lassen, bis die anderen Früchte vorbereitet sind.

2 Die Banane schälen und in Stücke schneiden. Den Apfel waschen, achteln und klein würfeln. Die Bananen-stücke und etwa die Hälfte der Apfelwürfel in den Mixer geben, den Joghurt hinzufügen und alles pürieren. Den Smoothie in Gläser geben. Die restlichen Apfelwürfel und die Marmelade auf den Portionen verteilen.

Apfel + Reisdrink

Besonders gut schmeckt der Smoothie mit einer mürben Apfelsorte, die man auch für Apfelmus und Kompott nimmt: In meinem Garten ist es »Boskoop«, aber auch Renetten oder gelagerter »Jakob Lebel« eignen sich. Gelingt auch mit Apfelkompott aus dem Vorrat.

Zutaten für 2 Portionen
1 großer Apfel oder 2 kleine Äpfel
100 g Milchreis (Rest oder aus dem Becher)
200 g Reisdrink natur
1 EL Korinthen · 2–3 TL Zimt-Zucker

1 Die Äpfel waschen und achteln. Kerngehäuse nach Wunsch entfernen. Die Apfelstücke mit dem Milchreis in den Mixer geben und den Smoothie pürieren.

2 Den Reisdrink während des Mixvorgangs zugießen. Den Smoothie in vorbereitete Becher füllen.

3 Zuerst die Korinthen auf den Smoothie-Portionen verteilen, dann mit dem Zimt-Zucker bestreuen.

TIPP

Auch heiß ganz wunderbar: Die Äpfel mit etwas Zitronensaft und 200 ml Apfelsaft musig kochen. Dann mit dem Reisdrink pürieren.

Zwetschge mediterran

Sonnengereiftes Obst und aromatische Kräuter passen wunderbar zusammen: In der mediterranen Küche kennt man viele entsprechende Rezepte. Am besten schmeckt der Smoothie natürlich mit frisch Gepflücktem aus dem Garten. Und vielleicht haben Sie sogar noch ein Zitronenbäumchen auf der Terrasse stehen …

Zutaten für 2 Portionen
1 Handvoll Minze- und Oreganozweige
300 ml Wasser
150 g Zwetschgen
4 Eiswürfel
1–2 TL Orangenhonig
2 Zitronenscheiben

1 Die Kräuterzweige waschen und trockenschütteln. Die Blätter abzupfen, in den Mixer geben und mit dem heißen Wasser übergießen. So lange ziehen lassen, bis der Sud lauwarm abgekühlt ist.

2 Die Zwetschgen waschen, halbieren und entsteinen. Zum Kräutersud in den Mixer geben.

3 Die Eiswürfel und den Orangenhonig zufügen und den Smoothie pürieren. In gekühlte Gläser füllen und mit den Zitronenscheiben garnieren. Nach Wunsch noch mit Kräuterblättchen bestreuen.

Topinambur + Apfel

Zutaten für 2 Portionen
4 mittelgroße Topinamburknollen
1 EL Zitronensaft · 200 ml Wasser
1 mittelgroßer Apfel
100 ml Orangensaft · 3 EL Joghurt

1 Die Topinamburknollen waschen und dünn schälen. In Stücke schneiden und mit dem Zitronensaft und der halben Menge Wasser in einem Topf aufkochen. Zugedeckt bei schwacher Hitze etwa 4 Minuten garen.

2 Inzwischen den Apfel waschen und achteln. In den Mixer geben, Topinambur mit dem Kochwasser hinzufügen und den Smoothie pürieren.

3 Das restliche Wasser und den Orangensaft während des Mixvorgangs zugießen. Den Joghurt zufügen und noch einmal durchmixen.

TIPP

Gut gewaschene Topinamburknollen müssen Sie nicht unbedingt schälen. Allerdings ist der Smoothie dann graubraun gefärbt. Kürbis-Smoothie bereiten Sie genauso zu. Die Kürbisstücke sollten jedoch etwa 10 Minuten garen, damit sie ganz weich sind.

Heißer Holunder

Zutaten für 2 Portionen
3 Holunderbeeren-Dolden · 150 ml Apfelsaft
4–5 Zwetschgen · 1 kleiner Apfel · 1–2 TL Honig

1 Die Holunderdolden in einer Schüssel mit kaltem Wasser vorsichtig waschen. Die Beeren mit einer Gabel abstreifen und in einen Kochtopf geben. Den Apfelsaft zufügen und alles aufkochen. Zugedeckt bei schwacher Hitze etwa 10 Minuten kochen lassen.

2 Inzwischen die Zwetschgen und den Apfel waschen. Die Zwetschgen halbieren und entsteinen. Den Apfel vierteln, das Kerngehäuse nach Wunsch entfernen.

3 Die Früchte in den Mixer geben. Den Honig und den gekochten Holunder mit dem Saft hinzufügen. Den Smoothie pürieren, in vorbereitete Becher füllen und heiß servieren.

INFO

ROH GIFTIG!

Rohe Holunderbeeren sind gesundheitsschädlich, man muss sie zuerst kochen. Dabei wird das giftige Sambunigrin in den Beeren zerstört und unwirksam.

Grünes + Wildtomate

Zutaten für 2 Portionen
2 Handvoll Spinatblätter, Feldsalat und/oder
Kräuter wie Petersilie, Basilikum, Rucola
4–5 Rispen reife Wildtomaten · 200 ml Sojadrink
Salz · frisch gemahlener Pfeffer

1 Spinat, Salat und/oder Kräuter waschen, trocken-
schleudern und in den Mixer geben. Die Wildtomaten
eventuell waschen, etwa 1 Handvoll von den Rispen
zupfen und ebenfalls in den Mixer geben.

2 Den Sojadrink hinzufügen und alles miteinander
pürieren. Die gemixten Zutaten mit Salz und Pfeffer
abschmecken und in vorbereitete Gläser geben. Mit
den restlichen Tomaten an den Rispen garnieren.

Register

Unsere Kompakt-Ratgeber

Barbara Rias-Bucher
Winter-Smoothies
ISBN 978-3-86374-181-5

Barbara Rias-Bucher
Smoothies
ISBN 978-3-86374-164-8

Li Wu / Jürgen Klitzner
Heiltees
ISBN 978-3-86374-184-6

Weitere lieferbare Titel:

M. Lohmann
Laborwerte verstehen
978-3-86374-158-7

A. Gräfin Wolffskeel
Die 12 Salze des Lebens
978-3-86374-129-7

A. E. Röcker
Heilen mit Bachblüten
978-3-86374-161-7

A. Winter
Abnehmen ist leichter als Zunehmen
978-3-86374-126-6

Dr. G. Harnisch
Moringa oleifera
978-3-86374-193-8

Dr. G. Harnisch
Chia
978-3-86374-202-